CARIÑO DEJA DE ENVEJECERTE

Manual práctico para usar tus palabras para prevenir el envejecimiento.

Autor: Maglia S. Lorenzo

Segunda edición

Diseño de Portada: Maglia S. Lorenzo

Dedico esta guía a Marina García y Florencia Rizzi por animar mi parte creativa y hacer que esto suceda; Alejandro Javier Costa por su apoyo, mi madre por cuidar a mis hijos y Graciela Sosa y Mabel Modrow por las lecturas preliminares y sugerencias.

Te agradezco y te felicito, infinitamente, por tomar la decisión de adquirir esta guía; el mundo está lleno de posibilidades y me elegiste para acompañarte en este proceso.

Gracias, por confiar en tu instinto. Estoy segura de que estás curiosa por saber lo que se viene.

Gracias porque el universo hizo que cruzáramos caminos, y eso, para mí, no es coincidencia.

Contenido

Introducción

Envejecer es uno de esos miedos que la mayoría de las personas en algún punto de la vida tienen.

Cuando somos niños no vemos la hora de ser mayores y cuando somos mayores no queremos envejecer.

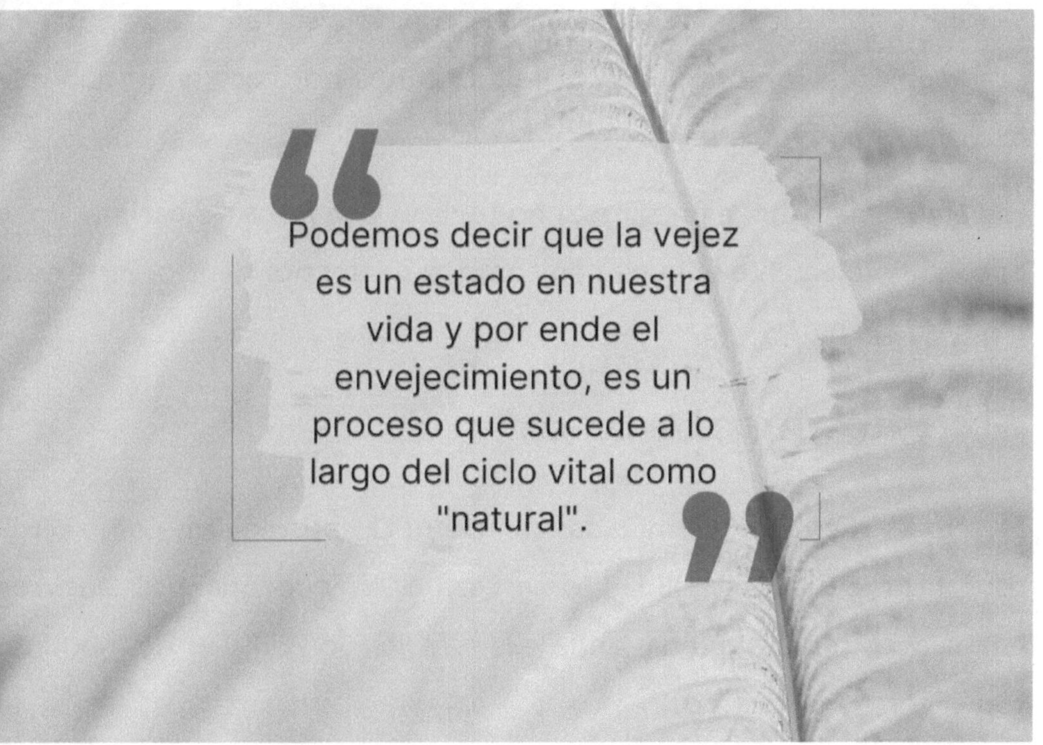

Creemos que a partir de una edad determinada la vejez "comienza". Como algo establecido por números (la edad). De alguna manera está relacionada con el momento en que una persona se jubila.

Lo peor, es que la vejez está asociada al deterioro al declive.

Es curioso, cómo el hecho de cumplir años, suele ser desagradable para muchos al punto de no disfrutar la edad, sea cual sea.

Entender el proceso de envejecimiento lleva décadas en investigación. Varios nuevos estudios, durante los últimos 10 años, vinculan el bienestar físico y mental con la edad subjetiva (se refiere a cómo los individuos se sienten a sí mismos).

Si te sientes deprimido, olvidadizo y físicamente vulnerable, es probable que te sienta mayor. El resultado podría ser un círculo vicioso, con factores psicológicos y fisiológicos que contribuyen tanto a una mayor edad subjetiva como a una peor salud, lo que nos hace sentir aún más mayores y más vulnerables.

Hagamos una pausa e imagina, si no tuvieras una fecha de nacimiento, y tu edad simplemente se basara en cómo te sientes por dentro, ¿qué edad dirías que tienes?

¿Por qué nos da miedo envejecer?

Es verdad que hay determinadas características psicológicas como ser el neuroticismo, la sociabilidad o las actitudes, que una vez que son establecidas o programadas en la edad adulta, son difíciles de modificar con el correr del tiempo.

A su vez, la forma en la que percibimos la vejez es una de las corrientes más clásicas de nuestro pensamiento. ¿Sabías que para Platón la vejez era sinónimo de pérdida, enfermedad y deterioro? ***Sin embargo, para Artistóteles, era una etapa de sabiduría, conocimiento y oportunidad.***

in ir muy lejos, estos sentimientos negativos parten de estereotipos que e han ido generando en torno al mero hecho de hacerse mayor.

sto termina dando lugar a afirmaciones como, “la gente mayor es menos venturera”, “tienen ideas anticuadas”, “se olvidan de las cosas”, “tienen rrugas”, “se quedan solos”, etcétera.

s decir, está relacionado a aspectos como la soledad, la tristeza y la nfermedad. Si lo presentamos así, podemos dar por obvio el temor a nvejecer, ¿no?

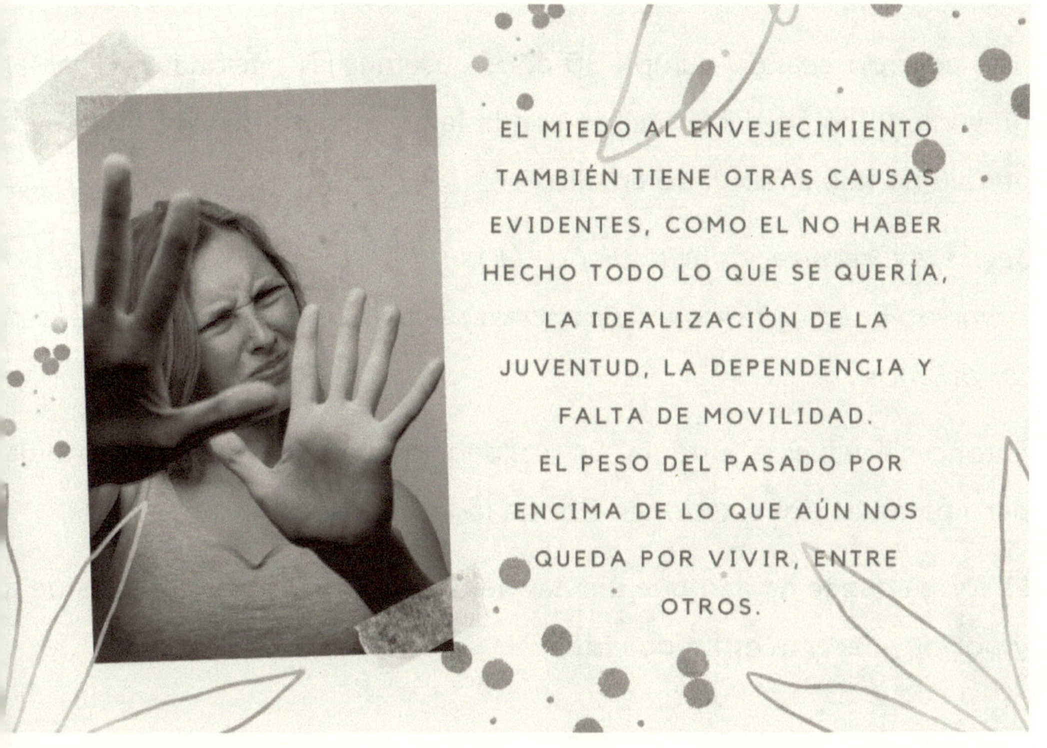

¿Hay una fórmula?

En mi caso, la mayoría de las personas coinciden en que me veo má joven de lo que soy. Soy mamá de tres niños y al día de hoy tengo 35 años.

No me preocupa envejecer, o por lo menos no como a otras personas No tengo esa obsesión por la edad. Cuando me miro al espejo visualizo el éxito que quiero alcanzar y doy gracias por lo que tengo y donde estoy no me busco arrugas ni canas.

Me acuerdo cuando cumplí 30 años que muchas personas me habían preguntado cómo había lidiado con la famosa "crisis de los treinta" y la verdad no había reparado en ello.

Según la Organización Mundial de la Salud (2015, p.3) "Hoy en día, por primera vez en la historia, las personas pueden aspirar a vivir más allá de los 60 años".

Entonces, ¿cuál es la fórmula? En realidad, no creo que haya una fórmula pero pasa por dos cuestiones. Por un lado, tu mente. ¿Mi mente? Sí.

La forma que te hablas, que piensas de ti, cómo te ves, lo que dices de ti y por otro lado tu estilo de vida.

¿Qué pasa con mi mente que me hace envejecer?

Si te pones a pensar lo que pasa en la mente de la mayoría de las personas cuando están cumpliendo un año más, se dicen cosas como" ah, estoy cumpliendo un año más.

"Estoy cada vez más vieja, ya no puedo irme de fiesta porque no puedo aguantar la fiesta como antes, no puedo tomar tanto porque me da la resaca más que antes, no puedo hacer ejercicio como hacía antes porque no soy tan joven"; y esto se repite año tras año.

Además, como lo explicamos en la introducción, lo creen porque la sociedad y la ciencia nos han enseñado que cada año nos volvemos más viejos.

Es así, EL CUERPO va cambiando, pero no tiene por qué ser tan rápido. De hecho, hay estudios en donde varios científicos, doctores e investigadores, se han dado a la tarea de investigar realmente que hay detrás del envejecimiento y por qué se da, puesto que en realidad cada parte de nuestro cuerpo se está renovando constantemente.

Nuestro estómago se renueva cada 6 meses, nuestra piel cada mes, nuestros órganos cada año, nuestras células están constantemente cambiando y renovándose, entonces no hay una explicación tan científica de por qué envejecemos.

Pero si nos basamos en la física cuántica, realmente eso que pensamos y decimos es lo que proyecta nuestra realidad. Así que es MUY importante que cambies la forma de hablar de ti misma.

Hay personas de 80 años que son capaces de correr maratones o hacer cosas impresionantes. Entonces, ¿por qué tú no puedes? La respuesta es, porque tu mente, tus creencias, están haciendo que te autolimites y te envejezcas.

¿Cómo empezar?

Empieza poniendo las cosas en su lugar y con su nombre. Si vienes de la oficina y estás cansada, es porque tuviste un día agotador; usualmente lidiamos con otras personas y con problemas que tienen su energía y nos cargamos de eso, que también nos cansa.

Cuando vuelves a casa te sientes agotada, PORQUE TUVISTE UN DÍA AGOTADOR no porque estés quedando vieja. Si te subes a una bicicleta y pedaleas dos cuadras y te cansas, puede ser que digas "estoy vieja para esto, no puedo hacerlo" y en realidad ese no es el caso.

Yo decía que no podía seguirles el ritmo a mis hijos, porque estaba quedando vieja, y ¿sabes qué? Para nada era el caso. No tengo rendimiento físico, eso SÍ.

Porque desde hace diez años no hago actividad física, no salgo a caminar, no ando en bicicleta, ni voy al gimnasio. Empieza viendo todo el panorama y no atribuyas a la vejez cosas que no son.

Es probable que en este momento estés pensando o se te vengan a la mente frases como "estoy muy vieja para..." te recomiendo anotarlas y pensar si realmente es por la vejez o por una creencia o por una creencia.

¿Cómo reprogramar la mente?

Tienes que empezar a repetirte ESTOY JOVEN, estoy energizada. TU decides, está en TU mente. Es muy importante que cuides mucho tus pensamientos, tus creencias.

Si crees que estás vieja, te vas a volver vieja velozmente, si crees que estás joven, tienes la vitalidad del mundo, si te dices a ti misma que cada vez que el sol toque tu piel tú te haces más joven, te lo repites y lo CREES, así será.

Te propongo un plan para comenzar con el cambio de pensamiento.

- ✓ **Reemplaza pensamientos negativos por positivos.**

El diálogo interno puede ser un gran motivador a la hora de adoptar nuevos hábitos. El éxito es solo posible si uno se dice a sí mismo "yo puedo hacerlo". Dicho esto, es posible aprender a desterrar los pensamientos y palabras negativas. Cada vez que tengas pensamientos autodestructivos o que seas demasiado crítica contigo misma, haz una nota mental para no repetirlo. Recurre a un amigo de confianza o a tu pareja para que te señalen cualquier comentario negativo que hagas acerca de ti.

- ✓ **Haz una lista de las cosas que admiras de ti misma.**

Anota las cualidades que te agradan de ti. Hacerlo no solo te eleva la autoestima, sino también te ayudará a mantener la motivación para no alejarte de tus objetivos.

- ✓ **Enuncia una afirmación para reprogramar tu mente.**

Manos a la obra

Plan de 28 días para reprogramar tu mente

¡Felicitaciones por haber llegado a ésta sección de la guía! Date las gracias por creer en que tú tienes el poder.

Quizás estés curiosa por saber cuál es la receta aquí, y lo que vas a hacer es trabajar contigo misma. Es MUY importante que trabajes las afirmaciones, mirándote a los OJOS, en el espejo.

Si en el proceso sientes ganas de llorar, llora, si sientes ganas de reír a carcajadas ríe, si te dan ganas de bailar, baila, si tienes ganas de estar sola, tomate ese tiempo. Es posible que te den retorcijones de barriga, es porque estás haciéndote consciente de que tienes el poder.

Antes de empezar, dejemos en claro que el objetivo está en reprogramar tu forma de verte a ti misma, para poder "ralentizar" el envejecimiento. Es posible que al empezar te parezca una tontería, pero no abandones.

Hay personas que notaron cambios en su forma de verse y sentirse más plenas, al cabo de 7 días, otras en 15 días y otras a partir del mes. Pero eso depende de que CREAS que tienes el poder de cambiar.

Vas a trabajar con el siguiente plan. Repite las afirmaciones mirándote a los ojos en un espejo, 45 veces.

Día 1

Por la mañana

★ Soy una persona decidida.

Por la tarde

★ Afronto cualquier desafío con actitud positiva.

Por la noche

★ Estoy preparada para conquistar mis metas.

Día 2

Por la mañana

★ Soy competente, inteligente y capaz.

Por la tarde

★ Confío en mí plenamente.

Por la noche

★ Soy digna y merecedora de todas las cosas maravillosas que suceden en mi vida.

Día 3

Por la mañana

- ★ Disfruto de la vida.

Por la tarde

- ★ Soy valiente.

Por la noche

- ★ Estoy dispuesta a confiar en la incertidumbre.

Día 4

Por la mañana

- ★ Estoy abierta y receptiva a aprovechar las oportunidades qu la vida me regala.

Por la tarde

- ★ Cada día noto como mi autoconfianza aumenta.

Por la noche

- ★ Me amo y me acepto tal y como soy.

Día 5

Por la mañana

★ Confío en mi sabiduría interna.

Por la tarde

★ Elijo ser feliz.

Por la noche

★ Amo la persona que soy y en la que me convierto cada día.

Día 6

Por la mañana

★ Todo lo que me sucede es para mi mayor bien.

Por la tarde

★ Agradezco todo lo que tengo y vivo en alegría.

Por la noche

★ Confío en mí y en mi proceso.

Día 7

Por la mañana

★ Soy una persona creativa, amorosa y poderosa.

Por la tarde

★ Cada día aprendo algo nuevo y crezco.

Por la noche

★ Tengo el poder de crear la vida que deseo.

Día 8

Por la mañana

★ Hay dentro de mí, un espíritu joven y bello.

Por la tarde

★ Mi aspecto físico es de una persona muy joven.

Por la noche

★ Me veo y me siento completamente joven.

Día 9

Por la mañana

★ Mi cuerpo, mi mente, mi espíritu están en perfecta armonía.

Por la tarde

★ Me siento con una salud perfecta y radiante de belleza.

Por la noche

★ Rejuvenezco con el paso del tiempo.

Día 10

Por la mañana

★ Confío en que estoy protegida y sostenida.

Por la tarde

★ Irradio energía por cada poro de mi piel.

Por la noche

★ Los rayos del sol me cargan de energía y me rejuvenecen.

Día 11

Por la mañana

★ Soy una persona especial y única.

Por la tarde

★ Mi espíritu joven contagia a los demás.

Por la noche

★ Mi aspecto físico es de una persona muy joven.

Día 12

Por la mañana

★ Mis pensamientos son siempre positivos.

Por la tarde

★ Me amo tal y como soy.

Por la noche

★ Estoy abierta a recibir los cambios que deseo.

Día 13

Por la mañana

★ Me siento radiante y alegre.

Por la tarde

★ Aumento mi capacidad mental y física sin esfuerzo.

Por la noche

★ Doy y recibo amor constantemente.

Día 14

Por la mañana

★ Mi edad psicológica es inferior a me a mi edad biológica.

Por la tarde

★ Mantengo siempre mi atención en el momento presente.

Por la noche

★ Me amo.

Día 15

Por la mañana

★ Me encanta cuidar de mi cuerpo y de mí.

Por la tarde

★ Cada uno de mis órganos es un motor lleno de vitalidad.

Por la noche

★ Estoy llena de energía y de vitalidad.

Día 16

Por la mañana

★ Soy una persona saludable.

Por la tarde

★ Mi cuerpo está trabajando para mantenerme saludable fuerte.

Por la noche

★ Sé que cualquier molestia física es pasajera, todo est volviendo a la normalidad en este instante.

Día 17

Por la mañana

- ★ Escucho atentamente a mi cuerpo, escucho sus necesidades y las cosas que quiere.

Por la tarde

- ★ Tengo la fortaleza para enfrentar cualquier situación difícil y cambiar su rumbo.

Por la noche

- ★ Soy digna de buena salud.

Día 18

Por la mañana

- ★ Mi alma se encuentra alojada en un cuerpo perfecto.

Por la tarde

- ★ Yo soy vida.

Por la noche

- ★ Cada inhalación me llena de luz y energía.

Día 19

Por la mañana

- ★ El amor que está en mi corazón fluye por todo mi cuerpo y me hace cada vez más sana.

Por la tarde

- ★ La perfecta relación cuerpo-mente-alma sana todo mi ser.

Por la noche

- ★ Estoy abierta a recibir los cambios que deseo.

Día 20

Por la mañana

- ★ Mi prioridad en la vida es mantenerme sana.

Por la tarde

- ★ Mis células, órganos y sistemas funcionan correctamente, permitiéndome tener un cuerpo sano y lleno de energía.

Por la noche

- ★ Mi cuerpo es saludable. Mi mente es brillante. Mi alma está tranquila.

Día 21

Por la mañana

- ★ A partir de este momento quedo libre de todo mal ocasionado por la enfermedad y recupero la fortaleza que hay en mi interior.

Por la tarde

- ★ En mi mente predominan pensamientos de amor, amor hacia mi cuerpo.

Por la noche

- ★ Me rodeo de la gente que me hace sentir bien.

Día 22

Por la mañana

- ★ Cada día me veo más joven.

Por la tarde

- ★ Cada día soy más joven.

Por la noche

- ★ Yo tengo una apariencia joven.

Día 23

Por la mañana

★ Mi rostro se ve joven, firme y lleno de vida.

Por la tarde

★ Yo irradio juventud y vitalidad.

Por la noche

★ Mi rostro se ve totalmente uniforme, liso, terso y rejuvenecido.

Día 24

Por la mañana

★ La piel de mi rostro y cuerpo se regenera y rejuvenece rápidamente.

Por la tarde

★ La piel de mi rostro y cuerpo es joven.

Por la noche

★ Toda mi piel es firme, suave y llena de vida.

Día 25

Por la mañana

- ★ Mis manos, mis pies y extremidades se ven cada día más jóvenes.

Por la tarde

- ★ Todos mis músculos gozan de juventud, firmeza y belleza.

Por la noche

- ★ Tengo mucha condición y habilidad física.

Día 26

Por la mañana

- ★ Yo me veo de la edad que yo elijo.

Por la tarde

- ★ Yo me mantengo en le edad que yo elijo.

Por la noche

- ★ Tengo una apariencia radiante y llena de vida en todo momento.

Día 27

Por la mañana

★ Me siento con mucha energía y motivación.

Por la tarde

★ Mi mente funciona con rapidez y agilidad.

Por la noche

★ Tengo claridad mental en todo momento.

Día 28

Por la mañana

★ Mis tendones, cartílagos y ligamentos están jóvenes regenerados.

Por la tarde

★ Tengo mucha fuerza en todo mi sistema locomotor.

Por la noche

★ Mis células se regeneran todos los días.

Y luego, ¿qué?

Una vez que hayan transcurrido los 28 días, elegirás las afirmaciones que más te hayan costado aceptar y las colocarás escrita en un lugar visible. Para que la afirmación sea efectiva, debes decirla varias veces al día, porque los pensamientos negativos siempre estarán presentes. Recuerda que decides tú.

¿Qué hay de la otra parte?

Hemos trabajado para reprogramar tu mente para ralentizar o prevenir el envejecimiento, pero ahora hablaremos de la otra parte; que se trata de ayudar a tu cuerpo a mantenerse.

Debes entender que tu cuerpo es una maquinaria perfecta. Si vieras a tu cuerpo como un auto de alta gama, lo cuidarías porque te costó mucho dinero, bueno tu cuerpo ES MUCHO MÁS que un auto, así que también tienes que cuidarlo.

Estilo de vida

Tu estilo de vida y la dieta que lleves también van a ayudar a reducir tu edad biológica. Dado que el envejecimiento es el principal impulsor de las enfermedades crónicas, esta reducción tiene el poder de ayudarnos a vivir mejor y por más tiempo.

Te propongo algunos consejos:

- ✓ **Descansar**. Acostarse todos los días a la misma hora y dormir por lo menos ocho horas diarias.
- ✓ **Organizar tu tiempo**. Dar prioridad a las tareas más importantes para dejar tiempo a otras actividades. Esto ayuda a calmar la ansiedad porque sabes de ante mano cómo va tu día (pero también hay que ser flexible a los cambios que pueden surgir) y en esa organización recuerda anotar tiempo para ti.

- ✓ **Disfrutar de actividades placenteras.** Como meditación o ejercicios de respiración; tomar un baño relajante, leer un libro, escuchar música, bailar, pintar etc.
- ✓ **Hacer actividad física.** Si no puedes salir, puedes hacer ejercicios en casa. Ánimos, que si se puede.
- ✓ **Subir el nivel de ejercicio lentamente** para proteger nuestra salud física.
- ✓ **Reemplazar el ascensor por las escaleras.**
- ✓ **Alimentación variada**, incluyendo frutas, verduras y granos integrales.
- ✓ **Tomar agua**: lo que tu cuerpo necesite para estar hidratado y mantener el cerebro hidratado.
- ✓ **Seleccionar alimentos no procesados.**
- ✓ **Reducir el consumo de sal y azúcar.**
- ✓ **Moderar el consumo de grasas y aceites**: elegir carne de pollo o pescado, que contienen menos grasa. Al cocinar, conviene reemplazar la manteca por aceite de oliva o girasol.
- ✓ **Reducir el consumo de alcohol.**
- ✓ **Realizar las comidas en horarios** regulares y cenar liviano para un mejor descanso.
- ✓ **Evitar el picoteo** entre comidas.
- ✓ **Desayunar** todos los días.
- ✓ Ahora que trabajamos mucho en casa, es conveniente **levantarnos cada tanto de la silla** y poner el cuerpo en movimiento para activar los músculos.

- ✓ **Utilizar un buen calzado** también forma parte de los cuidados del cuerpo.

Piel

La piel es el órgano más grande del cuerpo y es el que te acompañará toda la vida. Entonces se merece que la cuides. Eso también muestra tu amor por ti misma. La mayoría de las mujeres cuidan su piel porque quieren prevenir el envejecimiento o prolongar la juventud.

Yo te propongo que te cuides la piel porque TE LO MERECES. Es un mimo enorme. Cuida tu piel para mantener tu brillo, para verte radiante, para sentirte empoderada.

Te dejo a continuación unas recetas de mascarillas faciales caseras para sumar a tu rutina de cuidado de la piel que te veas siempre deslumbrante.

Mascarillas caseras

Tips

- Usar un pincel de cerdas suaves para aplicar las mascarillas.
- El bowl que vayas a utilizar que sea exclusivo para tu tratamiento.
- La toalla que uses para secar tu rostro que sea exclusiva para ello.
- Si tienes un limpiador facial, usa el limpiador previamente para que los productos actúen en tu piel limpia. Si no tienes un limpiador facial es recomendable que consigas uno de acuerdo a tu tipo de piel.
- Es recomendable preparar y aplicar la mascarilla, ya que al estar hechos con ingredientes naturales pueden oxidarse (a menos que la receta aconseje dejarla reposar).

Mascarilla de banana: Ideal para las MANCHAS.

Las bananas ayudan a mantener la piel bien nutrida.

La vitamina A en la banana reestablece la humectación de la piel.

★ Beneficios

La mascarilla es rica en vitamina E y A que curan la piel y le dan brillo. Elimina la pigmentación y las irregularidades del tono de la piel.

★ Ingredientes

- ✓ 1 banana grande
- ✓ 1 cucharadita de agua de rosas * (ver al final)

★ Preparación

- ✓ Machaca la banana en un bowl.
- ✓ Agrégale agua de rosas.
- ✓ Mézclalo bien y aplica la mezcla en tu rostro y cuello.
- ✓ Deja que se seque durante 15-30 minutos.
- ✓ Luego enjuaga con agua fría.
- ✓ Seca con toalla.

★ ¿Con qué frecuencia?

Puedes aplicar esta mascarilla 3 o 4 veces por semana.

Mascarilla de café: Ideal para las LÍNEAS DE EXPRESIÓN.

La cafeína estimula el flujo sanguíneo ayudando a que la piel se tense de forma natural.

★ Beneficios

La mascarilla suaviza el rostro y reduce las líneas de expresión. Limpia la piel eliminando las células muertas.

★ Ingredientes

✓ 1 cucharada de café molido
✓ 1 cucharadita de cacao
✓ 1 cucharadita de aceite de coco

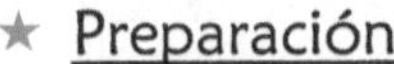

★ Preparación

✓ Mezcla el café y el cacao en polvo.
✓ Agrega aceite de coco para formar una pasta.
✓ Aplica la pasta en tu rostro y cuello.
✓ Deja que se seque durante 15-30 minutos.
✓ Luego retíralo suavemente exfoliando con agua fría.
✓ Seca con toalla.

★ ¿Con qué frecuencia?

Puedes usar esta mascarilla 2-3 veces a la semana.

Mascarilla de cúrcuma: Ideal para el ACNE y MANCHAS.

La cúrcuma contiene antioxidantes y componentes antiinflamatorios.

★ Beneficios

La mascarilla es antiinflamatoria, antibacteriana y antioxidante. Ilumina la piel y reduce la pigmentación cutánea.

★ Ingredientes

- ✓ 1 cucharada de cúrcuma en polvo
- ✓ 3 cucharaditas de agua de rosas

★ Preparación

- ✓ Agrega agua de rosas al recipiente que contiene polvo de cúrcuma y mezcla bien hasta que se forme una consistencia fina, espesa y pastosa.
- ✓ Aplica la mezcla en tu rostro y cuello suavemente y déjala actuar durante 20 minutos.
- ✓ Enjuaga con agua fría y seca.

★ ¿Con qué frecuencia?

Puede aplicar esta mascarilla 3 o 4 veces por semana.

Mascarilla de pepino: Ideal para MANCHAS.

Con propiedades antiinflamatorias, además de antioxidantes y nutrientes como la vitamina C y el ácido fólico, los pepinos son un ingrediente nutritivo para una mascarilla.

- ★ Beneficios

La mascarilla contiene enzimas que actúan sobre la piel para que luzca más joven y luminosa. También refresca la piel.

- ★ Ingredientes

- ✓ Medio pepino
- ✓ 1 cucharada de jugo de limón

- ★ Preparación

- ✓ Muele el pepino y agrégale jugo de limón.
- ✓ Aplícalo en tu rostro y déjalo actuar durante 10-20 minutos.
- ✓ Enjuaga la mascarilla con agua fría y seca.

- ★ ¿Con qué frecuencia?

Puedes aplicar la mascarilla todos los días.

Mascarilla facial de aloe vera: Ideal para ACNE Y LINEAS DE EXPRESIÓN.

Contiene antioxidantes, enzimas, vitaminas A y C, y es altamente antiinflamatorio.

★ Beneficios

La mascarilla cura y rejuvenece. Previene el daño del colágeno y trabaja de adentro hacia afuera para evitar que aparezcan arrugas.

★ Ingredientes

- ✓ 2 cucharadas de extracto de aloe vera
- ✓ Unas gotas de zumo de lima

★ Preparación

- ✓ Toma una hoja de aloe vera, quita el extracto y machácalo.
- ✓ Agrega el jugo de lima al extracto de aloe vera y mézclalo bien.
- ✓ Aplícalo en tu rostro y déjalo secar durante 10 minutos.
- ✓ Enjuaga la mascarilla de tu cara y seca.

★ ¿Con qué frecuencia?

Puedes aplicar esta mascarilla todos los días.

Mascarilla de glicerina: Ideal para HIDRATAR y CURAR.

La principal propiedad de la glicerina vegetal es humectar la piel.

La vitamina E es un nutriente liposoluble presente en muchos alimentos. En el cuerpo, actúa como antioxidante, al ayudar a proteger las células contra los daños causados por los radicales libres

- ★ Beneficios

La mascarilla hidrata y cura tu piel. Desobstruye los poros y reduce las líneas de expresión. También nutre la piel y mantiene tu salud.

- ★ Ingredientes

- ✓ 1 cucharadita de glicerina vegetal
- ✓ 2 cápsulas de vitamina E

- ★ Preparación

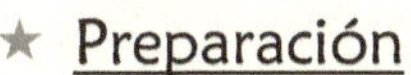

- ✓ Pellizca las cápsulas de vitamina E y agrégalas a la glicerina.
- ✓ Mézclalos bien y aplícalo en tu rostro y cuello.
- ✓ Déjalo actuar durante 30 minutos y enjuaga tu rostro.
- ✓ Seca con toalla.

- ★ ¿Con qué frecuencia?

Puedes aplicar esta mascarilla todos los días.

¡EXTRA, EXTRA! Cómo preparar el agua de rosas.

Rendimiento: 1 botella pequeña

Tiempo De Preparación: 30 minutos

Tiempo Inactivo: 2 horas 3 segundos

Tiempo Total: 2 horas 30 minutos 3 segundos

Un método casero fácil para hacer tu propia agua de rosas, a partir de pétalos de rosa orgánicos frescos.

Ingredientes

- 4 rosas: frescas, sin pesticidas.
- Una cacerola grande con tapa.
- Un tazón pequeño a prueba de calor.
- Un ladrillo envuelto en papel de aluminio (o pedazo de un ladrillo. Este debe caber en el fondo de la cacerola).
- Cubos de hielo.
- Toalla de cocina.

Asegúrate de que las rosas estén limpias y sin insectos. Para hacer esto, llene un recipiente con agua fría del grifo y agite las flores en el agua para liberar los insectos que puedan estar escondidos en los cogollos.

Vuelve a lavar las flores con un chorro fuerte bajo el grifo, asegurándote de que no queden bichos ni suciedad.

Desecha los tallos y las hojas. Coloque los pétalos en 2 hojas de papel de cocina y séquelos.

Instrucciones

- Coloque el ladrillo, cubierto en papel de aluminio, en el fondo de su cacerola y encima del ladrillo, coloque el recipiente resistente al calor. La función del ladrillo es elevar el cuenco mientras recoge el agua condensada.
- Esparza los pétalos de rosa alrededor del ladrillo y vierte el agua suficiente para cubrir el ladrillo.
- Lleve el agua a fuego medio-alto para que hierva y coloque la tapa de la cacerola pero boca abajo (sí, boca abajo).
- Coloque los cubitos de hielo en la tapa al revés. Esto acelerará el proceso de condensación, lo que ayudará a que el recipiente del interior recoja el agua de rosas más rápido.
- Después de unos 20 minutos, retire con cuidado la tapa (con cuidado de que el agua de los cubitos derretidos no caiga dentro de su cuenco dentro de la cacerola) y observe cuánto líquido ha acumulado el recipiente. ¡Ahí está tu agua de rosas! Si solo queda una pequeña cantidad, simplemente vuelva a colocar la tapa y déjela un poco más.
- Retirar con mucho cuidado el bowl y dejar enfriar. Luego puede transferir el agua de rosas a una botella de vidrio o frasco y mantenerla hasta por 3 meses a temperatura ambiente.

¡Has llegado al final!

Un pequeño cambio puede hacer una gran diferencia, el poder está en ti; anímate a imponerte ante ti.

Acerca de mí y cómo surge esta guía

¡Hola! Mi nombre es Maglia Lorenzo, soy mamá de 3 niños, esposa, y emprendedora.

Antes de la pandemia, había trabajado como instructora de inglés como lengua extranjera en mi propio instituto, y también, me había dedicado a la industria del turismo.

En el 2019 estaba trabajando como agente de viajes. Además, daba clases en mi instituto, y estaba enseñando inglés de turismo a adultos en otros dos lugares.

Me quedé embarazada a principio de ese año de mi tercer bebé y continuaba amamantando a mi segundo bebé, porque, había decidido probar la lactancia en tándem.

Ese mismo año mi hijo mayor había sido diagnosticado con dislexia, por lo que estábamos aprendiendo al respecto mientras nos adatábamos a un nuevo mundo.

La verdad que a principios del 2020 estaba AGOTADA. Entre medio de ese océano de emociones de ser madre nuevamente, amamantar a los dos niños, apoyar a mi niño mayor que tenía 8 años (le costaba horrores leer y escribir), mis trabajos, se declara LA PANDEMIA.

Como a muchos me tocó tomar una decisión y yo decidí no trabajar fuera de casa y estar con mis niños. Pero otra decisión que tomé, fue ocuparme de mi salud mental y es ahí donde siento que comencé a transformarme.

Mi transformación comenzó con las sesiones de Tama Taie y Barras de Access, así, recupere el control de mí, recupere mis energías positivas.

En febrero 2021, se me presenta lo oportunidad de afiliarme a una empresa que distribuye productos para el cuidado de la piel y la salud.

Me enamoré de los productos ❤🔥. Mi piel comenzó a cambiar, lo que elevó mi autoestima. Imagínate, estaba súper empoderada, cambios de energías más cambio de piel. Fue como despertar después de años hibernando.

Siempre nos enseñan a amarnos tal cual somos y aceptarnos de esa forma, pero, para mí, si algo de tu cuerpo no te gusta, haz algo para cambiarlo. Yo lo veo de la siguiente manera, si eres una persona introvertida y a ti no te gusta, lo puedes cambiar.

Si estas depresiva y no te gusta, lo cambias. Si no estás feliz con la vida que estás llevando puedes buscar ayuda para cambiarlo. Entonces, ¿por qué tenemos que aceptar nuestro cuerpo si algo no nos gusta de él?

A mí no me gustan las manchas que me quedaron luego de mi último embarazo, entonces empecé a usar los productos que estaba distribuyendo.

En realidad, el hecho de estar haciendo algo POR MI, mimándome dándome mi lugar fue lo que me provocó un sentimiento de poder qu no sé exactamente cómo explicar.

Bueno, todos mis cambios, desde lo emocional a lo físico, más todo l que me pasó en la vida, me han traído hasta aquí, ¿publicar una guía ¿Enserio? ¿Yo? ¡SI SE PUEDE!

Cuando inicié en el rubro del cuidado de la piel, descubrí que son mucha las mujeres que temen verse avejentadas; parece que tienen una fobia cualquier indicador de vejez.

Entonces, pensé en mí, que hago distinto a muchas mujeres y descubr que yo tengo una mentalidad distinta.

Busque en mi mente, repase las sesiones de terapia a las que he ido personas con la que he hablado. Además, investigué al respecto, m fascinó lo que encontré, armé esta guía y quiero compartirla con e mundo.

”

Elige tus pensamientos con cuidado.
Eres una obra maestra de tu vida.

”

RHONDA BYRNE

www.ingramcontent.com/pod-product-compliance
Lightning Source LLC
LaVergne TN
LVHW041257150826
845673LV00008B/2624

* 9 7 9 8 3 5 2 3 9 3 8 1 9 *